Cómo Ser Una
PERSONA POSITIVA
en un
MUNDO NEGATIVO

HONOR BOOKS

EDITORIAL UNILIT

Disponible en inglés en Access Sales International (ASI)
2448 E. 81st Street, Ste. 4705, Tulsa, OK 74137 USA.

Publicado por Editorial **Unilit**
Miami, Fl. 33172
© 1999 Derechos reservados
Primera edición 1999

Publicado en inglés con el título: *How To Be An Up Person In A Down World*
© 1994 por Honor Books, Inc. Tulsa, Oklahoma 74155
Se necesita permiso escrito de los editores, para la reproducción de porciones del libro,
excepto para citas breves en artículos de análisis crítico.

Traducido al español por: Gabriel Prada

Citas bíblicas tomadas de: Santa Biblia, revision 1960 © Sociedades Bíblicas Unidas
Biblia de las Américas © 1986 The Lockman Foundation
La Biblia al Día © 1979 Living Bibles Int.
Usadas con permiso.

Producto 498355
ISBN 0-7899-0700-3
Impreso en Colombia
Printed in Colombia

INTRODUCCIÓN

Cómo ser una persona positiva en un mundo negativo, es una colección de citas llenas de inspiración, que te retarán a ser una persona de espíritu positivo en un mundo de negativismo. Hemos tomado las mejores citas de inspiración y motivación, y las hemos colocado en un formato que es fácil de leer. Este libro te ha de servir como un pronto recurso de sabiduría, para elevar tu espíritu y dirigirte por la senda del verdadero éxito.

Este encantador libro nos proporciona entusiasmo por lo mejor que Dios ofrece, lo que es difícil de resistir. Fue diseñado para ayudarte a alcanzar todo lo que Dios tiene para ti. Fácil de leer y lleno de inspiración, este libro contiene citas y dichos que sirven como estímulo en tu esfuerzo por lograr lo máximo y desarrollar a plenitud el potencial que Dios ha puesto en tus manos.

Este no es un simple libro de citas simpáticas para el diario vivir, más bien es uno que cubre aquellas áreas que a diario moldean tu vida. Desde la integridad en los negocios hasta cómo superar los fracasos, este pequeño libro ofrece intuición y motivación que te ayudarán a tener éxito en la vida.

Cómo ser una persona positiva en un mundo negativo, puede representar para ti un lugar de nuevos comienzos y continua inspiración. Esperamos que goces, aprendas y regreses vez tras vez a estas citas y dichos tanto como lo hemos hecho nosotros.

Recuerda, hoy es el día - *¡deja de preocuparte y comienza a vivir!*

Ayer es un cheque cancelado; mañana es una nota promisoria; hoy es el único efectivo que tienes disponible, por lo tanto inviértelo sabiamente.

Kay Lyons

Los problemas sólo son oportunidades vestidos con ropa de trabajo

Henry Kaiser

Ni el hombre sabio, ni el hombre valiente se acuesta en la vía de la historia esperando a que el tren del futuro le pase por encima.

Dwight D. Eisenhower

Muéstrame un simple empleado que tenga una meta, y te mostraré un hombre que hará historia. Muéstrame un hombre sin una meta, y te mostraré a un simple empleado.

J.C. Penney

No puedes escapar a la responsabilidad de mañana evadiéndola hoy.

Abraham Lincoln

Es bastante divertido hacer lo imposible.

Walt Disney

*La buena noticia es que la mala noticia
la puedes cambiar en buena noticia,
cuando cambies de actitud.*

Robert Schuller

*La gente puede alcanzar el éxito en casi cualquier
cosa por la cual tenga entusiasmo sin límite.*

Charles Schwab

No trates de convertirte en un hombre de éxito, más bien trata de convertirte en un hombre que posee valores.

Albert Einstein

Regla #1: No te afanes por las cosas pequeñas.
Regla #2: Todas las cosas son pequeñas.

Dr. Michael Mantell

Recuerda que nadie te puede hacer
sentir inferior sin tu consentimiento.

Eleanor Roosevelt

La clave para todo es la paciencia.
La gallina la consigues empollando
el huevo... no rompiéndolo.

Arnold Glasow

La vida es un eco. Lo que envías, regresa.
Lo que das... eso mismo recibes.

Las imposibilidades se desvanecen cuando
un hombre y su Dios se enfrentan
a una montaña.
Robert Schuller

Puedes hacer más amigos en dos meses interesándote en otras personas, que en dos años tratando de que otros se interesen en ti.

Dale Carnegie

El carácter se ha de manifestar en los grandes momentos, pero es formado en los momentos pequeños.

Phillips Brooks

Aprende a reírte de tus problemas y siempre tendrás de qué reírte.

Lyn Karol

Entre el decir y el hacer se gastan unos cuantos pares de zapatos.

Proverbio italiano

*Mucho bien se puede lograr en el mundo
si uno no está preocupado por quién
ha de recibir el crédito.*

Lema jesuita

*Aunque pienses que puedes o pienses que
no puedes, estás en lo cierto.*

Henry Ford

Si continúas diciendo que las cosas saldrán mal, existe la posibilidad de que seas un profeta.

Isaac Singer

*Nunca es demasiado tarde para ser
lo que pudiste haber sido.*
George Elliot

*El mejor uso que se le puede dar
a la vida es invertirla en algo que
dure más que ella.*
William James

No sé cuál es el secreto del éxito, pero la clave del fracaso es tratar de complacer a todos.

Bill Cosby

Mi obligación es hacer lo correcto.
Lo demás está en las manos de Dios.

Martin Luther King

La manera más segura de duplicar
tu dinero es doblarlo una vez y
guardarlo en el bolsillo.

Frank Hubbard

Prepárate para todos los días, y enfréntalos por igual: cuando te toque ser el yunque, tolera... cuando te toque ser el martillo, asesta.

Edwin Markham

Odiar a las personas es como quemar tu propia casa tratando de deshacerte de un ratón.

Henry Emerson Fosdick

Algunos son causa de felicidad dondequiera que van; otros cada vez que se van.

*No conozco mucho sobre la suerte.
Nunca he dependido de ella, y le temo
a los que lo hacen. Para mí la suerte
es algo diferente; es trabajo arduo
y poder comprender qué es
una oportunidad y qué no lo es.*

Lucille Ball

El primer e indispensable paso para conseguir
las cosas que deseas de la vida es éste:
decide qué es lo que quieres.

Ben Stein

Lo que hay detrás y lo que hay frente a nosotros,
son asuntos insignificantes en comparación
con lo que hay dentro de nosotros.

Ralph Waldo Emerson

Puedes conseguir amigos por medio de las promesas, pero es por medio del cumplimiento que los conservas.

Benjamín Franklin

Todas las cosas a las que nos enfrentamos no podrán ser cambiadas, pero nada puede ser cambiado hasta que no lo enfrentemos.

James Baldwin

No permitiré que ningún hombre reduzca y degrade mi alma obligándome a odiarlo.

Booker T. Washington

Hay muy poca diferencia entre la gente, pero esa pequeña diferencia hace una gran diferencia. La pequeña diferencia es la actitud. La gran diferencia es si la actitud es positiva o negativa.

W. Clement Stone

*Un hombre no es considerado viejo, hasta
que el pesar toma el lugar de los sueños.*
John Barrymore

*La Constitución de América solamente garantiza
la oportunidad de alcanzar la felicidad;
a ti te toca ir tras ella.*
Gill Robb Wilson

Deseo conducir los asuntos de esta administración de tal manera, que si al final cuando llegue el momento de entregar las riendas del poder, haya perdido cada uno de mis amigos, por lo menos tenga uno, y ese amigo estará muy dentro de mí.

Abraham Lincoln

Carácter, es la habilidad de cumplir con una buena resolución, después que el momento del entusiasmo ha pasado.

Cavett Robert

La risa es un tranquilizante que no tiene efectos secundarios.

Arnold Glasow

...Las pequeñas obras realizadas son mejores que las grandes obras planeadas.

Peter Marshall

No es nada en tu contra el hecho de que te derrumbes por completo, pero que permanezcas ahí echado... eso es una deshonra.

Edmund Vance Cooke

La apariencia externa es un sustituto muy pobre del valor interno.

Aesop

Cuando una puerta de la felicidad se cierra, otra se abre; pero a menudo nos detenemos a observar la puerta que se cerró, y no vemos la puerta que se abrió frente a nosotros.

Helen Keller

El fracaso no significa que eres un fracasado...
Simplemente quiere decir que no has
logrado el éxito todavía.

Robert Schuller

Un pesimista es uno que hace difícil las
oportunidades; un optimista es uno que
convierte lo difícil en oportunidades.

Reginald B. Mansell

Las personas que usan fuego para batallar contra el fuego, por lo general terminan con cenizas.

Abigail Van Buren

*El gozo es el sentimiento de sonreír
por dentro.*

Dr. Melba Colgrove

*El corazón alegre constituye
buen remedio.*

Proverbios 17:22 (RV60)

*No es la salida del puerto sino
la llegada lo que determina
el éxito de un viaje.*

Henry Ward Beecher

*A veces un ganador no es nada más
que un soñador que nunca
se dio por vencido.*

*Aun cuando estés en la vía correcta,
te pasarán por encima si lo único que
haces es permanecer sentado.*

Will Rogers

Centren ustedes el pensamiento en lo que es verdadero, noble y justo. Piensen en lo que es puro, amable y honorable, y en las virtudes de los demás. Piensen en todo aquello por lo cual pueden alabar a Dios y estar contentos.

Filipenses 4:8 (LBAD)

A menos que entres en la guarida del tigre,
no podrás apoderarte de los cachorros.

Proverbio japonés

Observas las cosas y te preguntas: "¿Por qué?"
Yo sueño cosas que nunca fueron y digo:
"¿Por qué no?"

George Bernard Shaw

*Cada mañana tiene dos asas.
Puedes tomar el asa de la ansiedad
o la del entusiasmo. Dependiendo
de cómo escojas, así será tu día.*

*"Uno de estos días" significa
ninguno de estos días.*

Proverbio inglés

*El que se levanta tarde, andará
ocupado todo el día.*

Benjamín Franklin

Quizás el resultado más valioso de toda educación es la habilidad de obligarte a ti mismo a hacer aquello que tienes que hacer, cuando sea necesario hacerlo, aunque sea de tu agrado o no.

Thomas Huxley

El negocio es cómo una carretilla.
Nada sucede jamás hasta que
comienzas a empujar.

Nuestra dignidad no descansa en lo
que hacemos, sino en quién somos.

Un crítico es un hombre que conoce el camino, pero no puede conducir el auto.

Kenneth Tynan

Cuando trates contigo mismo, usa la cabeza;
cuando trates con otras personas, usa el corazón.

Donna Reed

En la vida, al igual que en el fútbol,
no llegarás muy lejos a menos que sepas
dónde está el poste de la portería.

Arnold Glasow

No vayas por donde te lleva el camino... en vez de ello, anda donde no hay senda y deja marcada tus huellas.

El hombre necio procura la felicidad en la distancia; el sabio hace que crezca bajo sus pies.

James Openheim

Si Dios es por nosotros, ¿quién contra nosotros?

Romanos 8:31b (RV60)

Lo que sea que la mayoría de las personas estén haciendo, bajo cualquier circunstancia, si haces exactamente lo opuesto, probablemente mientras vivas nunca cometerás otro error.

Earl Nightingale

¡Amas tú la vida? Entonces no despilfarres
el tiempo, porque de ello está
compuesta la vida.

Benjamín Franklin

El genio es un por ciento inspiración y noventa
y nueve por ciento transpiración.

Thomas Alva Edison

Esa antigua ley de "ojo por ojo" deja a todos ciegos.

Martin Luther King

Algunas personas siempre están refunfuñando porque las rosas tienen espinas; yo estoy agradecido porque las espinas tienen rosas.

Alphonse Karr

Millones vieron la manzana caer, pero sólo Newton preguntó por qué.

Bernard Baruch

He notado que ninguna de las cosas
que nunca he dicho, jamás
me han hecho daño.

Calvin Coolidge

¡Cuánto dolor nos han costado todos
los males que nunca han sucedido!

Thomas Jefferson

Si estás completamente envuelto en ti mismo,
estás demasiado vestido.

Kate Halverson

Ninguna raza podrá prosperar hasta que entienda que tanta dignidad hay en labrar el campo, como la que hay en escribir un poema.

Booker T. Washington

Es un grave error mirar demasiado adelante hacia el futuro. Sólo podemos lidiar con un eslabón de la cadena del destino a la vez.

Winston Churchill

No hay sustituto para el arduo trabajo.

Thomas Edison

Hasta que no hagas la paz con quien eres, nunca estarás satisfecho con lo que tienes.

Doris Mortman

*Cuando miro hacia el futuro, el mismo es
tan brillante que me quema los ojos.*
Oprah Winfrey

*Los hombres sin carácter creen en la suerte...
Los hombres fuertes creen en
la causa y el efecto.*
Emerson

La felicidad no se produce tanto por las grandes oportunidades de buena fortuna que rara vez ocurren, como por las pequeñas ventajas que ocurren a diario.

Benjamín Franklin

Vivir bien el día de hoy hace de cada ayer un sueño de felicidad, y de cada mañana una visión de esperanza.

No hay pozo tan profundo al cual Jesús no pueda llegar.
Corrie Ten Boom

El espíritu, la voluntad de ganar y la voluntad de sobresalir son las cualidades que perduran. Estas cualidades son más importantes que los eventos que ocurren.

Vince Lombardi

*Para evitar la crítica no hagas nada,
no digas nada, sé nada.*
Elbert Hubbard

*Jamás nadie supuso que yo llegaría
a ser presidente.*
Abraham Lincoln

La esperanza es el sentir que tienes de que el sentir que tienes es permanente.

Jean Kerr

El que recibe una buena oportunidad nunca debe olvidarla; el que otorga una buena oportunidad nunca debe recordarla.

Charron

La gente puede dudar de lo que digas, pero siempre creerán lo que hagas.

El destino no es asunto de la casualidad, es un asunto de elección. No es algo por lo cual uno espera, es algo que se logra.

William Jennings Bryan

*Un viaje de mil millas comienza
con un solo paso.*

*Me tomó mucho tiempo aprender a no
juzgarme a mí misma a través de
los ojos de otra persona.*
Sally Field

**El Señor te bendiga y te guarde;
el Señor haga resplandecer su rostro
sobre ti, y tenga de ti misericordia.
El Señor alce sobre ti su rostro,
y te dé paz.**

Números 6:24-26 (B.d.l.A)

La felicidad es una dirección,
no un lugar.
Sydney J. Harris

El milagro es éste... mientras más
compartimos, más tenemos.
Leonard Nimoy

Los hombres nacen con dos ojos pero con una sola lengua, para que puedan ver dos veces más de lo que dicen.

Charles Caleb Colton

Ninguna persona en este mundo que aligera la carga del prójimo puede ser considerado como inservible.

Charles Dickens

Un día que ha sido remendado con oración es casi imposible que se deshaga.

La vagancia viaja tan lenta,
que pronto será alcanzada
por la pobreza.

Benjamín Franklin

Experiencia, es el nombre que todos le dan a sus errores.

Oscar Wilde

Nunca podrás planear el futuro basado en el pasado.

Edmund Burke

Todos nuestros sueños pueden convertirse en realidad... si tenemos el coraje de perseguirlos.

Walt Disney

> *Nadie puede mejorar tu suerte,*
> *si tú mismo no te mejoras.*
> Bertolt Brecht

> *Los mejores logros son aquellos que*
> *benefician a otros.*
> Denis Waitley

La máxima medida de un hombre no radica en dónde está dispuesto a pararse en tiempos de comodidad y conveniencia, sino dónde se para en tiempos de reto y controversia.

Martín Luther King

Diles a los demás lo que sientes en vez de decirles lo que piensas de ellos.

Siempre y cuando estés verde, estarás creciendo; tan pronto como madures, comenzarás a podrirte.

Ray Kroc

Son muchos los que no logran alcanzar la felicidad que les corresponde, no porque nunca la encontraron, sino porque no se detuvieron a disfrutarla.

W. Feather

Es mejor mantener la boca cerrada y que
piensen que uno es tonto, que abrir
la boca eliminando toda duda.

Abraham Lincoln

No podremos estar seguros de tener algo
por qué vivir, a menos que estemos
dispuestos a morir por ello.

Eric Hoffer

Tenemos que aprender a ser nuestro mejor amigo, porque con gran facilidad caemos en la trampa de convertirnos en nuestro peor enemigo.

Roderick Torpe

Los días más desperdiciados de toda nuestra existencia son aquellos en los que no nos hemos reído.

Sebastien Chamfort

Si deseas alegrarte a ti mismo, alegra a otra persona.

Booker T. Washington

No hay nada que se "abra por equivocación" tanto, como la boca.

*Las grandes mentes tienen propósito;
los demás tiene deseos.*

Washington Irving

*¡En la carrera por llegar a ser mejor
o el primero, no olvides de
disfrutar el viaje!*

La desdicha es no saber lo que queremos y matarnos a nosotros mismos tratando de alcanzarlo.

Don Herold

En pleno invierno por fin comprendí que
dentro de mí había un verano invencible.

Albert Camus

Te puedes cansar, pero nunca
te debes rendir.

Mary Crowley

La felicidad es interna y no externa; por lo tanto, no depende de lo que tenemos, sino de lo que somos.

Henry Van Dyke

Cualquier cosa que hagas hoy,
hazlo mejor mañana.
Robert Schuller

El más grande descubrimiento de mi generación
es que los seres humanos pueden modificar
sus vidas modificando su actitud mental.
William James

Los buenos hábitos no se hacen en los cumpleaños, ni el carácter cristiano el primer día del año. El taller donde se forja el carácter es cada día. Las horas plácidas y corrientes son donde se gana o se pierde la batalla.

Siempre haz lo correcto... esto gratifica
de manera asombrosa el resto.
Mark Twain

Los hombres de pocas palabras
son los mejores.
Shakespeare

Escrita en chino, la palabra "crisis" está compuesta de dos letras —una representa peligro y la otra representa las oportunidades.

El mejor de todos los premios que otorga la vida
es la oportunidad de trabajar arduamente
en algo en lo que vale la pena trabajar.

Theodore Roosevelt

La gente siempre descuida hacer algo
que sí pueden hacer, para hacer algo
que no pueden.

Edgar Watson Howe

Estoy cada vez más convencido de que nuestra felicidad o desgracia depende más de la manera en que nos enfrentamos a los acontecimientos de la vida, que en la naturaleza misma de los acontecimientos.

Wilhelm Von Humbolt

A un hombre se le conoce por la compañía que guarda su mente.
Thomas Bailey Aldrich

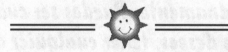

Gozo, es el fuego santo que mantiene vivos nuestros propósitos y nuestra inteligencia brillando.
Helen Keller

Puedes obtener todo lo que desees... si lo deseas arduamente. Puedes ser cualquier cosa que desees, tener cualquier cosa, y lograr todo lo que emprendas... solamente si te aferras a ese deseo con singularidad de propósito.

Robert Collier

Cada llamado es importante si
se persigue con importancia.
Oliver Wendell Holmes

Vive la verdad en lugar de
afirmarla solamente.
Elbert Hubbard

El corazón del necio está en su boca, pero la boca del sabio está en su corazón.

Benjamín Franklin

Hay períodos en la vida en los que el desafío
es la más alta sabiduría.

William Ellery Channing

Por lo que más quieras, nunca digas:
"A ver si puedo"; debes decir: "Lo haré".

Abraham Lincoln

La hora más oscura solamente dura 60 minutos.

Los grandes monopolizan el escuchar.
Los pequeños monopolizan el hablar.
David Schwartz

Generalmente la verdad es la mejor
vindicación en contra de la calumnia.
Abraham Lincoln

Que vivas todos los días de tu vida.

Jonathan Swift

El hombre que nunca se equivoca,
por lo general no hace nada.

William Conner Magee

No hay fracaso excepto cuando se
deja de tratar.

Elbert Hubbard

A menos que primero conquistemos todas las posibles objeciones, jamás podremos intentar hacer nada.

Samuel Johnson

El fracaso es la oportunidad de volver a comenzar con mayor inteligencia.

Henry Ford

La vida que se vive para el mañana siempre está a un día de realizarse.

Leo Buscaglia

No permitas que la enseñanza te lleve al conocimiento, deja que la enseñanza te lleve a la acción.

Jim Rohn

La preocupación nunca le roba la tristeza al mañana, lo único que logra es robarle el gozo al día de hoy.

Leo Buscaglia

El arte de ser sabio es el arte de saber a qué hay que pasarle por alto.

William James

No se afanen por nada; más bien oren por todo. Presenten ante Dios sus necesidades y después no dejen de darle gracias por sus respuestas. Haciendo esto sabrán ustedes lo que es la paz de Dios, la cual es tan extraordinariamente maravillosa que la mente humana no podrá jamás entenderla.

Filipenses 4:6-7 (LBAD)

Cuando decides mirar sólo lo bueno que hay en los demás, descubrirás lo mejor que hay en ti.

Martin Walsh

Aférrate a los sueños, porque si los sueños mueren, la vida sería como el pájaro cuya ala se ha roto y no puede volar.

Langston Hughes

A menudo se nos olvida que la felicidad no se consigue como consecuencia de adquirir algo que no tenemos, sino al reconocer y apreciar lo que sí tenemos.

Frederick Keonig

*De todas las cosas que vistes, la expresión
de tu rostro es la más importante.*

Janet Lane

Si las cosas van mal, no vayas con ellas.

Roger Babson

Para lograr el éxito debes saber lo que haces, amar lo que haces, y creer en lo que haces.

Will Rogers

El éxito consiste en toda una serie de pequeños esfuerzos diarios.
Mamie McCullough

"No lo puedo hacer" jamás logró hacer nada.
"Lo intentaré" ha logrado hacer maravillas.
George P. Burnham

Cuando te detengas a examinar tu pasado, te podrás dar cuenta de que los momentos que sobresalen, los momentos en los cuales realmente has gozado de la vida, son aquellos en los que has hecho cosas dirigido por un espíritu de amor.

Henry Drummond

La edad puede arrugar el rostro,
pero la falta de entusiasmo
arruga el alma.

Sé un líder: recuerda que el perro líder que
tira del trineo es el único que percibe
bien todo el panorama.

Todo lo que he visto me enseña a confiar en el Creador por todo lo demás que no he visto.

Emerson

El éxito parece ser mayormente un asunto de mantenerte firme después que los demás se han rendido.

William Feather

El éxito parece estar conectado a la acción. La gente exitosa siempre está en movimiento. Cometen errores, pero no se rinden.

Conrad Hilton

Para mí la vida no es una vela de corta duración. Es como una espléndida antorcha la cual sostengo por un momento, y mi deseo es que arda tan brillantemente como sea posible, antes de pasarla a futuras generaciones.

George Bernard Shaw

Para aquel que no tiene un puerto como destino,
ningún viento le favorece.
Michel De Montaigne

No es posible que la vida sea tan corta que
no haya tiempo para ser cortés.
Ralph Waldo Emerson

La gente siempre culpa las circunstancias por quien ellos son. Yo no creo en las circunstancias. La gente que prospera en este mundo son aquellos que se mueven y buscan las circunstancias que necesitan, y si no las encuentran entonces las crean ellos mismos.

George Bernard Shaw

Habrás removido la mayoría de los obstáculos en el camino hacia el éxito, cuando aprendas cuál es la diferencia entre movimiento y dirección.

Joe L. Griffith

Para lograr el éxito, llega a las oportunidades tan pronto como llegas a las conclusiones.

Benjamín Franklin

*La alegría engrasa
la maquinaria
de la vida.*

La muerte del temor es segura,
cuando hagas aquello a lo que
tanto le temes.

La valentía no es nada más que
el temor que eleva sus oraciones.

La manera en que miras cada día va a depender de hacia quién estés mirando.

Si Colón hubiera regresado, nadie lo hubiese culpado. Por supuesto, nadie se acordaría de él tampoco.

Una meta no es nada más que un sueño cuyo tiempo está limitado.

Joe L. Griffith

La experiencia es lo que consigues cuando no consigues lo que quieres.

Dan Stanford

La personalidad tiene el poder de abrir muchas puertas, pero es el carácter lo que las mantiene abiertas.

Ningún hombre se hacer rico a menos que enriquezca a los demás.
Andrew Carnegie

Una profunda pasión por cualquier objeto te garantizará el éxito, porque el deseo por la meta final te señalará el medio.

William Hazlitt

Aquel que considera que su trabajo está por debajo de él, estará muy por encima de poder hacerlo bien.

Alexander Chase

Los hombres materialistas que viven para tener, se olvidan de vivir.

Margaret Fuller

No hay peor sordo que el que no quiere oír.

Thomas Fuller, M.D.

La sabiduría siempre estará por
encima de la fuerza bruta.
Phaedrus

Nuestra conducta a través de
la vida es el verdadero espejo
de nuestra doctrina.
Montaigne

Mientras más grande es la cabeza de un hombre.
Mayor será su dolor de cabeza.

Proverbio persa

No es la riqueza o el esplendor
lo que da la felicidad, sino
la tranquilidad y el oficio.

Thomas Jefferson

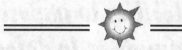

El hombre no ha sido hecho
para la derrota.

Earnest Hemingway

El futuro tiene varios nombres.
Para el débil es lo imposible.
Para el pusilánime es lo desconocido.
Para el serio y valiente es lo ideal.

Víctor Hugo

Mezcla una convicción con
un hombre, y algo sucederá.
Adam Clayton Powell

Visión, es el arte de ver
las cosas invisibles.
Jonathan Swift

Uno de los grandes descubrimientos que puede hacer un hombre, una de sus grandes sorpresas, es encontrar que puede hacer lo que por temor no se atrevía hacer.

Henry Ford

Todo lo que te viniere a la mano
para hacer, hazlo.
Eclesiastés 9:10a (RV60)

Sé grande en las cosas pequeñas.
St. Francis Xavier

Desperdicia tu dinero y sólo estarás carente de dinero, pero si desperdicias tu tiempo habrás perdido parte de tu vida.

Michael Leboeuf

Hacerlo es mejor que decirlo
Benjamín Franklin

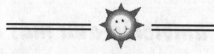

*El precio del éxito es más bajo que
el precio del fracaso.*
Thomas Watson

Existe una ambición aun más elevada y sublime que alcanzar la cima del mundo; es descender y elevar a la humanidad un poquito más alto.

Henry Van Dyke

En los grandes intentos,
aun el fracaso es glorioso.
Vince Lombardi

No te dediques simplemente a ganarte
la vida, más bien diseña una vida.
Jim Rohn

He podido observar que la mayoría de las personas siguen hacia adelante durante el tiempo que los demás desperdician.

Henry Ford

Siempre debes recordar que tu propia resolución para lograr el éxito es más importante que cualquier otra cosa.

Abraham Lincoln

El hombre más pobre no es el que no tiene ni un solo centavo, sino aquel que no tiene ni un solo sueño.

Registro de un Colegio en Pensilvania

Si dices la verdad no tendrás que recordar nada.

Mark Twain

*El tamaño de tu éxito se determina
por el tamaño de tus creencias.*
David J. Schwartz

*Las mentes son como los paracaídas:
sólo funcionan cuando están abiertas.*
Thomas R. Dewar

Lo que importa no es si te tumban;
lo que importa es si te vuelves
a levantar.

Vince Lombardi

Yo patino hacia donde va a estar el disco
de caucho, y no hacia donde estuvo.
Wayne Gretzky

Nunca, nunca, nunca... se rindan.
Winston Churchill

Cuando escucho que alguien se lamenta diciendo: "Qué dura es la vida", siempre me veo tentado a preguntar: "¿En comparación a qué?"

Sydney J. Harris

*Los problemas se parecen mucho
a las personas
–si los alimentas crecen
más grandes.*

*Los sueños no se mueven a menos
que tú lo hagas.*
Peter Daniels

La persona satisfecha es aquella que disfruta del paisaje cuando hay un desvío en el camino.

*Habla palabras bondadosas y escucharás
ecos bondadosos.*

*Nunca pierdas la oportunidad de hacer feliz
a los demás; aun cuando tengas que
dejarlos solos para lograrlo.*

Uno nunca debe consentir deslizarse a paso de tortuga, cuando se siente el impulso de remontarse como el águila.

Helen Keller

Me sentía triste y desconsolado porque no tenía zapatos, hasta que en la calle me encontré con un hombre que no tenía pies.

Dennis Waitely

Lo imposible: aquello que nadie puede hacer hasta que alguien lo hace.

La suerte es asunto de la preparación saliéndole al encuentro a la oportunidad.

El problema con vivir la vida en el carril de alta velocidad es que llegas al final demasiado rápido.
John Jensen

Permanecer de pie en medio del camino es muy peligroso; corres el riesgo de ser golpeado por el tráfico que viene de ambos lados.
Margaret Thatcher

Es muy agradable ser importante, pero es más importante ser agradable.

Trini López

La vida es como una piedra de amolar.
El que te pulverice o te dé brillo va a
depender del material con que estés hecho.

El que desee obtener la fruta debe
subirse al árbol.
Thomas Fuller, M.D.

La mejor preparación para un buen trabajo mañana, es hacer un buen trabajo hoy.

Elbert Hubbard

La mejor manera de salir de una dificultad es a través de ella.

El peor de todos los males es dejar las filas de los vivientes antes de morir.

Séneca

...*La alegría del Señor es vuestra fortaleza.*

Nehemías 8:10 (B.d.l.A)

Estimado lector:

Si desea compartir con nosotros algunas de sus citas favoritas sobre el tema de la *motivación* nos gustaría mucho recibir noticias suyas. Nuestra dirección es la siguiente:

Honor Books
P.O. Box 55388, Dept. J.
Tulsa, Oklahoma 74155

Copias adicionales de este libro y de otros iguales
están disponibles en su librería local

498344 *El librito de instrucciones de Dios I*

498345 *El librito de instrucciones de Dios para mujeres*

498346 *El librito de instrucciones de Dios para niños*

498347 *El librito de instrucciones de Dios II*

498349 *El librito de instrucciones de Dios para las madres*

498350 *El librito de instrucciones de Dios para hombres*

498351 *El librito de instrucciones de Dios para parejas*

498352 *El librito de instrucciones de Dios para jóvenes*